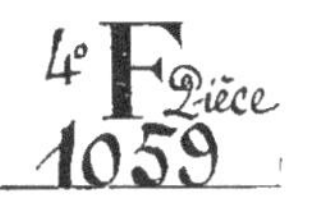
4° F Pièce 1059

AF563648

MINISTÈRE DU COMMERCE, DE L'INDUSTRIE
DES POSTES ET DES TÉLÉGRAPHES

EXPOSITION UNIVERSELLE INTERNATIONALE DE 1900

DIRECTION GÉNÉRALE DE L'EXPLOITATION

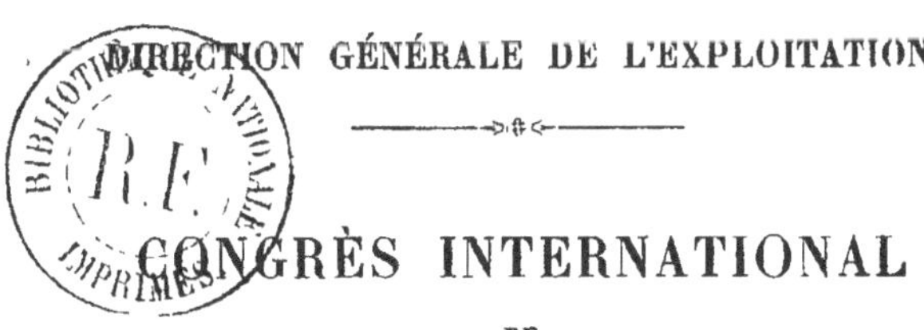
BIBLIOTHÈQUE NATIONALE IMPRIMÉS R.F.

CONGRÈS INTERNATIONAL
DE
LA RÉGLEMENTATION DOUANIÈRE

TENU À PARIS DU 30 JUILLET AU 4 AOÛT 1900

PROCÈS-VERBAUX SOMMAIRES

PAR M. MAURICE SCHLOSS
AVOCAT À LA COUR D'APPEL
SECRÉTAIRE GÉNÉRAL ADJOINT DU CONGRÈS INTERNATIONAL DU COMMERCE ET DE L'INDUSTRIE
SECRÉTAIRE GÉNÉRAL DU CONGRÈS

PARIS
IMPRIMERIE NATIONALE

M CMI

DÉPÔT LÉGAL
Seine
N° 199
1901

MINISTÈRE DU COMMERCE, DE L'INDUSTRIE
DES POSTES ET DES TÉLÉGRAPHES

EXPOSITION UNIVERSELLE INTERNATIONALE DE 1900

BIBLIOTHÈQUE NATIONALE
R.F.
IMPRIMÉS

DIRECTION GÉNÉRALE DE L'EXPLOITATION

CONGRÈS INTERNATIONAL
DE
LA RÉGLEMENTATION DOUANIÈRE

TENU À PARIS DU 30 JUILLET AU 4 AOÛT 1900

PROCÈS-VERBAUX SOMMAIRES

PAR M. MAURICE SCHLOSS
AVOCAT À LA COUR D'APPEL
SECRÉTAIRE GÉNÉRAL ADJOINT DU CONGRÈS INTERNATIONAL DU COMMERCE ET DE L'INDUSTRIE
SECRÉTAIRE GÉNÉRAL DU CONGRÈS

PARIS
IMPRIMERIE NATIONALE

M CMI

Pièce
4° F
1059

CONGRÈS INTERNATIONAL

DE

LA RÉGLEMENTATION DOUANIÈRE

TENU À PARIS DU 30 JUILLET AU 4 AOÛT 1900.

BIBLIOTHÈQUE NATIONALE
R.F.
IMPRIMÉS

COMMISSION D'ORGANISATION.

BUREAU.

PRÉSIDENT.

M. Prevet, sénateur.

VICE-PRÉSIDENTS.

MM, Graux (Georges), député.

Muzet, député.

Levasseur, membre de l'Institut.

SECRÉTAIRE GÉNÉRAL.

M. Schloss (Maurice), avocat à la Cour d'appel, secrétaire général adjoint du Congrès international du Commerce et de l'Industrie.

SECRÉTAIRE.

M. Chandèze (Gustave), secrétaire de la direction de l'Office national du Commerce extérieur.

TRÉSORIER.

M. Fould, négociant-commissaire.

MEMBRES.

MM.

Adhémar (Jules), fabricant expert en douane.

Aynard, député, ancien président de la Chambre de Commerce de Lyon.

Barabant, directeur de la Compagnie des chemins de fer de l'Est.

Berger (Georges), député,

Bompard, directeur des Consulats et des Affaires commerciales au Ministère des Affaires étrangères.

Bortoli, négociant-commissionnaire.

MM.

Boucher (Henri), député.

Bousquet, directeur général des Douanes.

Chandèze, directeur du Commerce au Ministère du Commerce.

Collin-Delavaud, directeur de l'Office national du Commerce extérieur.

Côte (Félix), ingénieur-directeur des Docks et Entrepôts de Cambrai.

Couvert, président de la Chambre de commerce du Havre.

David-Mennet, fabricant, expert en douane.

Dechaud, administrateur des Contributions indirectes en retraite, à Courbevoie.

DeholLain, membre de la Chambre de Commerce de Paris.

Derode, membre de la Chambre de Commerce de Paris.

Domergue, publiciste, directeur du *Travail national.*

Duprat, directeur de la Compagnie des Chargeurs Réunis.

Estier (Henri), membre de la Chambre de Commerce de Marseille.

Faucheur (Edmond), président de la Chambre de Commerce de Lille.

Faure (Gabriel), président de la Chambre de Commerce de Bordeaux.

Féraud, président de la Chambre de Commerce de Marseille.

de Foville, directeur de l'Administration des monnaies et médailles.

Goudchaux, armateur.

Hayem (Julien), industriel, secrétaire général du Congrès international du Commerce et de l'Industrie.

Herbart, ancien président de la Chambre de Commerce de Dunkerque.

Hugot, membre de la Chambre de Commerce de Paris.

Knieder, vice-président de la Chambre de Commerce de Rouen.

Lacarrière, membre de la Chambre de Commerce de Paris.

Leduc, membre de la Commission des valeurs en douane.

Lourdelet, membre de la Chambre de Commerce de Paris.

Magnier, administrateur de la 2e Division de la Direction générale des douanes.

Marguery, membre de la Chambre de Commerce de Paris.

Masson (Georges), président de la Chambre de Commerce de Paris.

Méline, député, ancien président du Conseil des ministres.

De Montgolfier, ingénieur des Ponts et chaussées, en retraite, à Saint-Chamond (Loire).

Mortier, vice-président de la Chambre de commerce de Troyes.

Moucheront, chef de bureau de la Statistique commerciale à la Direction générale des douanes.

Noblemaire, directeur de la Compagnie des chemins de fer P.-L. M.

Pallain, gouverneur de la Banque de France.

MM.

PINARD, ancien président de l'Alliance syndicale.

PONNIER, membre du Comité consultatif des arts et manufactures.

ROUME, directeur au Ministère des Colonies.

ROUSSEL, admininistrateur de la 1re Division de la Direction générale des douanes.

ROUX (Charles), ancien député, conseiller général.

SAINT (Charles), député.

SÉBILLE, député.

SIEGFRIED (Jules), sénateur.

TISSERAND, ancien directeur de l'Agriculture.

QUESTIONS PROPOSÉES

PAR LA COMMISSION D'ORGANISATION.

I. Statistiques douanières.

a. Quels sont les moyens d'assurer, dans les meilleures conditions d'exactitude et d'uniformité, l'établissement des statistiques douanières?

b. D'après quelles règles pourraient être introduits dans les nomenclatures et les statistiques douanières les articles nouveaux et les produits non prévus dans les tarifs existants.

c. Quels sont les moyens à employer pour assurer l'exactitude des déclarations, quant à l'espèce et quant à la destination réelle, des produits présentés pour l'exportation?

II. Des conditions dans lesquelles les certificats d'origine pourraient être délivrés pour obtenir une force probante.

III. Détermination d'une base uniforme pour le calcul des droits à la valeur.

IV. Réglementation uniforme des tares légales et des poids nets.

V. Des moyens d'établir une réglementation uniforme en ce qui concerne les échantillons des commis-voyageurs.

De la définition de l'échantillon et des moyens de justifier de la qualité des objets transportés comme échantillons.

VI. Étudier les régimes appliqués aux marchandises de retour et les emprunts réciproques que pourraient se faire la France et les nations étrangères.

VII. N'est-il pas désirable que les litiges en douane soient, dans tous les pays, renvoyés à des expertises dans lesquelles les intéressés seraient représentés?

VIII. Est-il désirable que, dans l'intérêt du Commerce, le service des douanes prête son concours aux intéressés pour le contrôle des opérations faites par les agents en douane?

Et quelles sont les mesures par lesquelles pourrait être assuré ce concours ?

IX. Mesures à prendre pour faciliter et accélérer le dédouannement des marchandises et notamment pour procurer aux déclarants les moyens de présenter des déclarations exactes et conformes à la nomenclature du Tarif.

X. Quelles mesures doivent être prises dans la visite des bagages des voyageurs pour la rendre aussi peu gênante que possible?

XI. Comparaison du régime des entrepôts dans les divers pays; étude des emprunts réciproques qui pourraient être faits dans l'intérêt général du Commerce.

XII. Examen du régime douanier international des colis postaux.

XIII. De l'organisation de conférences périodiques internationales.

De l'établissement d'un répertoire international du classement des marchandises.

DÉLÉGUÉS OFFICIELS.

Allemagne,

MM. Wolffram, conseiller intime de régence, conseiller-rapporteur à l'Office de l'Intérieur de l'Empire allemand.

Meuschel, conseiller intime de régence, conseiller-rapporteur de l'Office du Trésor de l'Empire allemand.

Autriche.

MM. Limbeck (Dr Charles de), rédacteur au Ministère des Finances.

Moritz-Wimmer (D[r]), chevalier de Walpurg, sous-secrétaire au Ministère du Commerce.

Mataja (Victor), conseiller au Ministère du Commerce.

Harold Demel d'Elswehr, conseiller au Ministère du Commerce.

Belgique.

MM. Kebers, directeur général des Douanes.

Robert, (E.), commissaire général adjoint de Belgique.

Renauld, directeur de la Statistique commerciale.

Bulgarie.

M. Dimitroff, commissaire général de Bulgarie.

Espagne.

M. Abreu, sous-directeur des Douanes.

États-Unis.

MM. Howland (L.-M.), directeur du Département des Douanes.
Williams (S.), agent spécial du Département du Trésor.

France.

MM. Bompard, directeur des Consulats.
Bousquet, directeur général des Douanes.
Chandèze, directeur du Commerce.
Vassilière, directeur de l'Agriculture.
Collin-Delavaud, directeur de l'Office national du commerce extérieur.
Trouard-Riolle, inspecteur de l'Agriculture.
Huet, sous-chef de bureau au Ministère du Commerce.
Cousin, sous-directeur du Commerce.

Grande-Bretagne.

MM. Lee (Austin), secrétaire d'ambassade.
Prowse (R.-T.), ancien secrétaire général des Douanes.

Hongrie.

György (André), attaché agricole.
Fuhrmann (Dr François de), secrétaire au Ministère du Commerce.
Roth (Lorand de), secrétaire au Ministère de l'agriculture.

Italie.

M. Luccioli (Ludovico), chef de division des Douanes au Ministère des Finances.

Japon.

M. Hirayama, chef de cabinet du Ministre des Finances, membre de la Chambre des Pairs.

Mexique.

M. Bablot (Alfredo), receveur des Douanes.

Norvège.

M. Woxen (Jakob), chef de division au Ministère des Finances et des Douanes.

Pays-Bas.

M. Drielsma, inspecteur chef des Contributions directes des droits de douane et des accises.

République Argentine.

M. Toledo (Ramon de).

Roumanie.

M. Radulesco (Théodore), directeur de l'Administration des Douanes.

Russie.

MM. Raffalovich (Arthur), attaché financier et commercial de Russie en France, correspondant de l'Institut de France.

Latkine (S.), chef des Archives du Département des Douanes au Ministère des Finances.

Suisse.

M. Cornu, directeur des Douanes à Lausanne.

Tunisie.

M. Ducroquet, directeur général des Finances du Gouvernement tunisien.

PROCÈS-VERBAUX DES SÉANCES

SÉANCE D'OUVERTURE

LUNDI 30 JUILLET 1900.

PRÉSIDENCE DE M. CHARLES PREVET, SÉNATEUR,

La séance est ouverte à 10 heures, sous la présidence de M. le sénateur Charles PREVET.

Au bureau : MM. PREVET, *président;* LEVASSEUR, *vice-président;* Maurice SCHLOSS, *secrétaire général;* Gustave CHANDÈZE, *secrétaire.*

M. LE PRÉSIDENT fait part à l'assemblée de l'assassinat de S. M. le Roi d'Italie. «Nous ne pouvons, dit-il, ouvrir un Congrès international où l'Italie elle-même est représentée, sans envoyer au peuple italien l'expression de l'horreur que nous cause le crime commis, et le sentiment de notre plus grande sympathie et de notre affectueuse vénération pour la famille royale italienne.»

M. le Président expose ensuite le rôle du Congrès, qui doit chercher simplement à rendre l'application des formalités douanières moins dure, moins difficile dans la pratique, et non pas à discuter sur les taxes douanières. Ce que le Congrès doit s'efforcer d'atteindre, c'est la simplification des formalités, l'établissement de tarifs internationaux qui rendraient la perception plus aisée et la circulation plus simple. M. le Président espère que le Congrès deviendra périodique, et il est convaincu que cette première session de 1900 produira, grâce à la collaboration des éminents délégués étrangers et français, des résultats pratiques et féconds.

Après cette allocution fréquemment applaudie, M. Maurice SCHLOSS, secrétaire général, retrace l'œuvre de la Commission d'organisation. Il raconte la genèse du Congrès, constate le succès atteint et remercie tous ceux qui y ont contribué, il déplore la mort de deux des membres les plus distingués du Congrès MM. G. Masson et Dechaud, et envoie à leurs familles ses sentiments d'affectueuse tristesse.

M. LE SECRÉTAIRE GÉNÉRAL fait remarquer que c'est la première fois qu'un Congrès de ce genre se réunit; il a le ferme espoir que ce Congrès indiquera les voies à suivre et ouvrira l'ère de conventions diplomatiques qui constitueront le progrès social, si éloquemment annoncé par M. le Président de la République dans son discours d'ouverture de l'Exposition. (*Vifs applaudissements.*)

M. LE PRÉSIDENT demande à l'assemblée de bien vouloir constituer son bureau.

Le bureau de la Commission d'organisation est maintenu, par acclamations. On lui adjoint les délégués officiels.

Le bureau du Congrès se trouve alors constitué de la façon suivante :

Président : M. Prevet, sénateur.

Vice-présidents : MM. Graux (Georges), député (France); — Muzet, député (France); — Levasseur, membre de l'Institut (France); — Wolffram, conseiller intime de régence, conseiller-rapporteur à l'Office intérieur de l'Empire allemand; — Meuschel, conseiller intime de régence, conseiller-rapporteur à l'Office du Trésor de l'Empire allemand; — Dr de Limbeck (Charles), redacteur au Ministère des Finances (Autriche); — Mataja (Victor), conseiller au Ministère du Commerce (Autriche); — Dr Moritz-Wimmer, chevalier de Walpurg, sous-secrétaire au Ministère du Commerce (Autriche); — Kebers (Jule;), inspecteur du service de la Douane (Belgique); — Robert (E.), vice-président de la Chambre de Commerce belge à Paris, commissaire général adjoint de Belgique; — Dimitroff, commissaire général de Bulgarie; — Abreu, sous-directeur des Douanes (Espagne); — Howland (L.-M.), directeur du Département des Douanes (États-Unis); — Williams (J.-S.), agent spécial du Département du Trésor (États-Unis); — Bompard, directeur des Consulats (France); — Bousquet, directeur général des Douanes (France); — Chandèze, directeur du Commerce (France); — Vassilière, directeur de l'Agriculture (France). — Boulton, président du Comité des Douanes étrangères de la Chambre de commerce de Londres; — Lee (Austin), secrétaire d'ambassade (Angleterre); — Prowse, ancien secrétaire général des Douanes (Grande-Bretagne); — Roth (Lorand de), secrétaire au Ministère de l'Agriculture (Hongrie); — Luccioli, chef de division au Ministère des Finances (Italie); — Hirayama, chef de cabinet du Ministre des Finances, membre de la Chambre des Pairs (Japon); — Bablot (Alfredo), receveur des Douanes d'importation du Mexique; — Woxen (Jacob), chef de division au Ministère des Finances et des Douanes (Norvège); — Drielsma, inspecteur en chef des Contributions directes des droits de douane et des accises (Pays-Bas); — Dr Ramon de Toledo (République Argentine); — Radulesco (Théodore), directeur des Douanes (Roumanie); — Raffalovich (Arthur), attaché financier et commercial de Russie, en France, correspondant de l'Institut de France; — Grunwaldt, vice-président de la Chambre de Commerce russe de Paris; — Cornu, directeur des Douanes, à Lausanne (Suisse); — Ducroquet, directeur général des Finances du Gouvernement tunisien.

Secrétaire général : M. Schloss (Maurice), avocat à la Cour d'appel de Paris, secrétaire général adjoint du Congrès international du Commerce et de l'Industrie.

Secrétaires : MM. Chandèze (Gustave), secrétaire de la direction de l'Office national du Commerce extérieur (France); — Trouard-Riolle, inspecteur de l'Agriculture (France); — Demel d'Elswehr (Harold), conseiller au Ministère du Commerce (Autriche); — Renauld, directeur de la Statistique commerciale (Belgique); — György (André), attaché agricole (Hongrie); — Fuhrmann (Dr François de), secrétaire au Ministère du Commerce (Hongrie); — Pimentel (Emilio), avocat (Mexique); — Latkine (S.), chef des Archives du Département des Douanes au Ministère des Finances (Russie).

Trésorier : M. Fould, négociant-commissionnaire.

Le bureau constitué, il restait à fixer la marche des travaux.

Après une discussion à laquelle ont pris part MM. Prevet, Hayem, Bousquet, Zébaume et Schloss, il est décidé que les questions seront étudiées et solutionnées par une commission composée des délégués officiels et des rapporteurs; puis que les vœux rédigés par la commission seront ensuite soumis à l'assemblée plénière qui les modifiera s'il y a lieu ou les adoptera si elles répondent à ses opinions et à ses sentiments.

La commission siègera tous les matins. Le Congrès sera réuni en assemblée plénière lorsque la commission sera en état de lui soumettre un nombre suffisant de résolutions.

La séance est levée à 11 heures.

SÉANCE DE COMMISSION.

(MARDI 31 JUILLET.)

PRÉSIDENCE DE M. CH. PREVET, SÉNATEUR.

La séance est ouverte à 9 h. 40.

M. RAFFALOVICH dépose sur le bureau du Congrès un ouvrage sur les douanes russes, ainsi que les vœux émis par le *Congrès international du Commerce et de l'Industrie.*

Après discussion, la Commission décide de suivre, dans les travaux, l'ordre du programme.

QUESTION I.

STATISTIQUES DOUANIÈRES. — *a.* Quels sont les moyens d'assurer, dans les meilleures conditions d'exactitude et d'uniformité, l'établissement des statistiques douanières?

***b.* D'après quelles règles pourraient être introduits dans les nomenclatures et les statistiques douanières les articles nouveaux et les produits non prévus dans les tarifs existants?**

***c.* Quels sont les moyens à employer pour assurer l'exactitude des déclarations quant à l'espèce et quant à la destination réelle des produits présentés pour l'exportation?**

M. MOUCHERONT, rapporteur, s'excuse tout d'abord de l'insuffisance des renseignements qu'il donne sur les statistiques étrangères. Le temps lui a manqué pour les recueillir tous et ceux qu'il fournit remontent à plusieurs années. Il a donc dû commettre des inexactitudes. Ce qu'il dit notamment au sujet des vins d'Espagne (provenance ou destination) n'est plus exact depuis 1898; ce renseignement ne lui a pas été envoyé en temps utile, et il demande que la présente rectification figure au procès-verbal de la séance.

Ceci dit, M. le Rapporteur développe les conclusions de son rapport.

Après lui M. WOLFFRAM (Allemagne) déclare qu'en Allemagne comme en France, la nomenclature de la statistique douanière correspond au tarif; que, contrairement au système français, le nouveau tarif allemand aura pour base la division des articles en produits de l'agriculture et produits de l'industrie. Il suppose que la statistique subira des transformations analogues. En tous cas, l'Allemagne fera tous ses efforts pour faire concorder les différents articles avec les articles similaires des tarifs statistiques des autres pays.

M. Raffalovich (Russie) rappelle que la Russie a adopté le système de la nomenclature française.

M. Austin Lee (Angleterre) fait observer que le tarif douanier anglais, ne comprenant qu'un petit nombre d'articles, il ne peut servir de base à l'établissement des statistiques douanières.

M. Bablot (Mexique) donne quelques aperçus sur la façon dont on classe les marchandises au Mexique.

M. Abreu (Espagne) préconise l'établissement d'une classification universelle, indépendante des statistiques résultant de la classification de chaque pays.

MM. Bousquet et Chandèze (France) appuient cette motion.

M. le Président se rallie à l'opinion des orateurs précédents : «Chaque nation, dit-il, après avoir fait sa statistique intérieure comme elle l'entend, diviserait cette statistique, suivant un plan international, en quatre ou cinq grands chapitres, et une comparaison utile pourrait s'établir entre tous les pays.»

M. le Rapporteur aborde ensuite la question de savoir sous quelle unité les marchandises figureront dans les statistiques? D'après leur poids ou d'après leur valeur?

M. le Président exprime l'opinion que le poids net est le seul point de comparaison possible.

M. Chandèze et avec lui M. Kebers (Belgique) demandent qu'on fasse également figurer sur les statistiques la valeur, qui est aussi un élément indispensable.

La question de la détermination du pays de provenance et du pays de destination donne lieu à un échange d'observations entre M. Lee, qui souligne la difficulté d'obtenir des renseignements exacts, M. Raffalovich qui propose de demander ces renseignements aux commerçants eux-mêmes, et M. Kebers, qui lui répond que les commerçants se refusent à les fournir, craignant que leur secret ne soit violé.

M. Mouchheront fait remarquer que c'est là une crainte vaine, car la Douane est soumise au secret professionnel et ne communique ses livres à personne.

M. Chandèze fait observer que le commerçant ne fait pas toujours lui-même sa déclaration; qu'il charge souvent de ce soin un agent en douane qui peut n'être pas scrupuleux.

M. Raffalovich estime que le renseignement que l'on désire obtenir est d'ordre public.

M. Chandèze voudrait que le Congrès émît le vœu que, pour l'établissement des statistiques, un pays n'accepte pas *de plano* cette idée qu'une marchandise provient du pays dont la frontière est la plus proche.

M. Kebers déclare que, pour lui, une simple transaction suffit à nationaliser la marchandise qui en a fait l'objet.

Cette opinion est vivement combattue par différents orateurs.

M. Kebers fait remarquer que la statistique commerciale, ainsi que l'a dit M. Pallain, n'est pas une statistique de production.

M. Chandèze exprime l'opinion qu'une simple transaction ne suffit pas pour donner une origine à une marchandise; il faut qu'il y ait eu une main-d'œuvre quelconque.

M. le Président résume les débats, et il charge M. Moucheront, rapporteur, de rédiger un vœu dans le sens des observations échangées.

On passe à la 2e question du programme qui est ainsi conçue :

QUESTION II.

Des conditions dans lesquelles les certificats d'origine pourraient être délivrés pour obtenir une force probante.

M. Roussel, rapporteur, expose brièvement l'état de la question et donne lecture du questionnaire qui *termine* et *résume* son rapport.

Au sujet de la 1re question de ce questionnaire :

N° 1. — *Y a-t-il lieu de proposer le maintien de la réglementation adoptée par la Douane française en matière de certificats d'origine?*

M. A. Lee donne lecture des vœux suivants émanant de la Chambre de commerce de Londres :

« Les chambres de commerce régulièrement constituées dans les pays qui se livrent à un commerce d'exportation seront encouragées à délivrer des certificats d'origine. Ces certificats seront reçus par l'Administration des douanes des pays importateurs comme garantie particulière de la sincérité de la déclaration d'origine et sous réserve des règlements que les Administrations pourront fixer.

« Dans le cas où un désaccord au sujet de ces déclarations serait soumis à l'expertise, les importateurs ou leurs agents pourront en appeler de la décision des experts à l'Administration principale des douanes du pays importateur.

« La décision des Gouvernements français et anglais ordonnant à leurs agents consulaires d'apposer leur visa gratuitement sur les certificats d'origine délivrés par les chambres de commerce mérite d'être prise en considération par les autres nations. »

M. Bousquet objecte que en France et dans tous les pays qui admettent l'expertise, l'expertise constitue un arbitrage, une sentence sans appel.

M. Bompard demande si c'est la chambre de commerce du pays d'origine ou celle du pays de provenance qui délivrera ce certificat?

Après une courte discussion à laquelle prennent part MM. Wolffram, Kebers et Bousquet, le premier paragraphe du vœu de la Chambre de commerce de Londres est adopté.

La deuxième question du questionnaire de M. Roussel, ainsi conçue :

N° 2. — *Y a-t-il lieu d'en conseiller l'adoption par les autres pays?* est résolue par l'affirmative.

Les questions 3, 4, 5, 6, 7, 8, 9, 10 du questionnaire sont rejetées.

La question 11 ainsi conçue :

N° 11. — *N'y aurait-il pas intérêt à emettre un vœu ayant pour objet de généraliser l'entente intervenue entre la France et l'Angleterre, afin d'exonérer de droits de chancellerie ou autres les certificats d'origine délivrés par les consuls ou soumis à leur visa?*

est résolue par l'affirmative.

On aborde la 3e question du programme.

QUESTION III.

Détermination d'une base uniforme pour le calcul des droits à la valeur.

M. Gabriel Chandèze, rapporteur, expose qu'il ne lui paraît pas possible de trouver une taxe uniforme pour le calcul des droits.

Puis, développant les conclusions de son rapport, il examine d'abord une première méthode employée dans un grand nombre de pays : celle où l'on prend pour base le prix réel des articles dans le *pays de destination.*

Si le Congrès s'arrêtait à ce système, il devrait émettre le vœu qu'une déduction fût faite sur *les prix* pour les frais qui suivent l'importation jusqu'au moment où la marchandise est vendue dans les magasins en gros du pays.

Un second système consiste au contraire à fixer pour base le prix réel de la marchandise *au point de production, de fabrication* ou *d'acquisition.* Le Congrès, s'il se ralliait à cette méthode, devrait émettre le vœu qu'un certain nombre de frais supplémentaires (emballage, assurance, transport, etc.) fussent ajoutés *au prix* de la marchandise.

Le rapporteur envisage ensuite la question de savoir si la production des factures doit être choisie comme base de la détermination de la valeur. Dans ce cas, trois systèmes sont à considérer :

a. La douane doit-elle tenir les factures comme sincères, exactes et valables lorsque l'importeur a satisfait à toutes les conditions de forme imposées par les règlements?

b. Ne convient-il pas, au contraire, que la Douane conserve le droit de contrôler l'exactitude de toutes les énonciations des factures, même régulières dans la forme?

c. Si la Douane conserve ce droit, n'est-il pas équitable de faire trancher les contestations par une expertise contradictoire dans laquelle le déclarant serait, en première instance, représenté par un arbitre de son choix?

A tous ces systèmes compliqués dans leur application, l'orateur estime qu'on pourrait utilement substituer une simple déclaration de la valeur signée par l'importateur ou son représentant et contrôlée par les agents du Service au vu de la marchandise. En cas de contestation, le litige serait tranché par une expertise contradictoire dans laquelle le déclarant serait, en première instance, représenté par un arbitre de son choix.

L'exposé du rapporteur terminé, les débats commencent. La suppression des factures consulaires réunit l'unanimité des suffrages, moins celui du délégué des États-Unis. On se rallie au système de la «déclaration de la valeur» préconisé par M. Chandèze; mais quelle valeur devra-t-on déclarer? Celle de la marchandise au *pays de production* ou au *pays de destination?*

Après une discussion à laquelle prennent part MM. Chandèze, Bousquet, Bompard, Kebers, Prevet, Raffalovich, Wolffram, Drielsma, la Commission, à une grande majorité, adopte le système de la déclaration de la valeur *au lieu d'arrivée de la marchandise.*

La séance est levée à midi 1/4.

SÉANCE DE COMMISSION.

MERCREDI 1er AOÛT 1900.

Présidence de M. Ch. PREVET, sénateur.

La séance est ouverte à 9 h. 40.

M. le Président donne la parole à M. Cousin, sous-directeur du Commerce, pour développer les conclusions du rapport de M. Dechaud, décédé, sur la question n° 4.

QUESTION IV.

Réglementation uniforme des tares légales et poids nets.

Le Rapporteur expose les différents systèmes de taxation et conclut de la façon suivante :

Le Congrès aura donc à examiner s'il ne convient pas d'établir plusieurs catégories de marchandises qui seraient taxées au *poids brut* et pour lesquelles on pourrait fixer un minimum de droit, une limite à partir de laquelle serait perçu le droit au *net réel* ou *légal* : ces marchandises formeraient une première catégorie. Une deuxième catégorie comprendrait les marchandises qui seraient taxées au poids *demi-net*, c'est-à-dire en y comprenant les emballages qui sont absolument indispensables à la conservation de la marchandise; une troisième catégorie comporterait la *tare légale* établie de manière à comprendre tous les emballages.

M. Kebers estime que la taxation la plus rationnelle est la taxation au poids net réel. C'est le système qui fonctionne en Belgique. L'importateur indique le poids net de la marchandise et la douane se borne à vérifier. L'importateur a cependant le droit de déclarer le poids brut, s'il ne lui plaît pas de déclarer le poids net; dans ce cas, on déduit une tare légale fixée d'une manière générale.

M. Wolffram expose que, en Allemagne, le déclarant a le choix entre le poids net réel effectif ou le poids net légal. Il préfère ordinairement le poids net légal, car les tares sont largement calculées.

M. Abreu déclare qu'en Espagne on exige le droit sur le poids net pour certaines marchandises; pour d'autres, sur le poids brut. Il fait observer qu'il y a des marchandises dont l'emballage est presque partout le même et pour lesquelles il y aurait moyen d'adopter une tare déterminée et applicable dans tous les pays.

M. Bousquet fait observer que le danger d'internationaliser les tares légales est que l'industrie et le commerce ne sont jamais à court pour simplifier et alléger les emballages, de sorte qu'après avoir étudié pour chaque marchandise une tare légale internationale qui paraîtra se rapprocher de la réalité, il arrivera qu'au bout de très peu de temps cette tare ne sera plus conforme à la vérité, et il en résultera un dommage causé au Trésor de chaque pays. Mais s'il y a impossibilité d'établir des tares légales internationales, il y a des questions de principe sur la manière de tarer, sur lesquelles on peut s'entendre. On peut peut-être tomber d'accord sur le principe: qu'au-dessous d'une certaine tarification la marchandise doit payer d'après le *poids brut*, parce qu'il serait trop difficile d'aller chercher le *poids net*. Par exemple, quand on introduit une tonne de houille, peu importe le poids du sac dans lequel cette tonne de houille est enfermée. Cela passe inaperçu. On pourrait donc, d'accord, arrêter en principe que l'on fixerait un certain *quantum* au-dessus duquel on devrait taxer au *poids net*. On s'entendrait alors sur ce que l'on doit comprendre par «poids net»: est-ce le poids déduction faite des emballages extérieurs seulement? est-ce le poids, déduction faite même des petits emballages intérieurs?

Après une discussion à laquelle prennent part MM. Bousquet, Chandèze, Prevet, Wolffram, Kebers, Cousin, Raffalovich, Klotz, etc., la Commission émet à l'unanimité le vœu:

Que les taxes soient perçues sur le poids net de la marchandise, à l'exception de celles dont le montant est inférieur à un certain chiffre. Une conférence internationale déterminera les produits pour lesquels il est impossible de séparer l'emballage de la marchandise elle-même, laquelle ne se conserverait pas sans l'emballage. Il y aurait une tare spéciale pour ces produits-là.

La Commission aborde ensuite l'étude de la question n° 5.

QUESTION V.

Des moyens d'établir une réglementation uniforme en ce qui concerne les échantillons des commis-voyageurs. — De la définition de l'échantillon et des moyens de justifier de la qualité des objets transportés comme échantillons.

Les rapporteurs de cette question sont MM. Julien Hayem et Pounnier.

M. Julien Hayem a la parole.

Il développe les conclusions de son rapport et propose comme solution du problème posé l'adoption d'un ou plusieurs bordereaux internationaux destinés à énumérer les échantillons sans valeur et de valeur, et à permettre de percevoir les droits des échantillons de valeur dans les pays où, à la sortie, ils ne seraient pas représentés.

M. Kebers se rallie à l'opinion du rapporteur, à la condition toutefois qu'il soit bien entendu que les échantillons ne pourront être vendus.

M. Hayem réplique. Pour lui, les échantillons «non représentés» ne signifient pas des échantillons «vendus»; il y a des cas où le commis-voyageur est obligé de laisser son échantillon au client pour qu'il puisse le comparer avec la marchandise achetée.

M. Bablot expose que le système préconisé par M. Hayem fonctionne déjà au Mexique.

M. le Président met aux voix le vœu de MM. Hayem et Pounnier, qui est adopté à l'unanimité.

QUESTION VI.

Étudier les régimes appliqués aux marchandises de retour et les emprunts réciproques que pourraient se faire la France et les nations étrangères.

Le rapporteur M. Bortoli, après avoir étudié les systèmes en vigueur dans les divers pays, constate que les règlements des nations sont très libéraux en ce qui concerne les marchandises de retour et estime qu'il n'y a aucun vœu à formuler à cet égard. L'assemblée se range à son opinion.

La Commission passe ensuite à l'étude de la question n° 7.

QUESTION VII.

N'est-il pas désirable que les litiges en douane soient, dans tous les pays, renvoyés à des expertises dans lesquelles les intéressés seraient représentés ?

M. Klotz développe les conclusions de son rapport et préconise le régime des expertises.

Après une discussion à laquelle prennent part MM. Klotz, Kebers, Hayem, Austin Lee, Prevet, Wolffram et Raffalovich, le principe de l'expertise est adopté.

MM. Wolffram et Raffalovich déclarent que des raisons constitutionnelles ne leur permettent pas de se prononcer en faveur de l'expertise dont, d'ailleurs, ils ne méconnaissent pas les avantages.

M. le Président charge M. Klotz de rédiger un vœu dans le sens des observations échangées, et l'on passe à l'étude de la question n° 8.

QUESTION VIII.

Est-il désirable que, dans l'intérêt du commerce, le service des douanes prête son concours aux intéressés pour le contrôle des opérations faites par les agents en douane ? — Et quelles sont les mesures par lesquelles pourrait être assuré ce concours ?

En l'absence de M. Mortier, rapporteur, M. J. Hayem donne connaissance des conclusions du rapport. La solution du travail de M. Mortier est négative.

BIBLIOTHÈQUE NATIONALE RF IMPRIMÉS

M. le Président signale un vœu du Congrès du commerce et de l'industrie qui demande la généralisation d'une mesure qui existe en Suisse et qui consiste à indiquer par un timbre spécial, sur chaque lettre de voiture ou connaissement, le montant des droits recouvrés sur la marchandise à laquelle ce titre est relatif.

M. Collin-Delavaud propose la formule suivante : « L'agent en douane devra remettre à l'importateur, pour le compte duquel il opère, le reçu original ou un duplicata de ce reçu, visé par la Douane, des droits qu'il aura acquittés. »

M. Kebers estime que le nombre considérable des colis rend ce procédé inapplicable.

M. Bousquet combat la solution décourageante du rapporteur ; si les consignataires avaient qualité pour demander des quittances spéciales, le client serait toujours en mesure d'obtenir la sienne propre. Le consignataire, toujours sous le coup de cette demande possible de son client, deviendrait forcément plus honnête.

M. Roustan préconise l'emploi d'une étiquette mise par la Compagnie de transport.

M. Bousquet répond que ce système peut être applicable aux colis postaux, mais qu'il n'est pas pratique en ce qui concerne les groupements de marchandises.

Après un échange de vues entre MM. Robert, Raffalovich, Kebers, Klotz, Bousquet, Prevet et Drielsma, M. le Président charge M. Bousquet de rédiger un vœu dans le sens des observations présentées.

Avant de lever la séance, la Commission adopte les vœux qui doivent être proposés au Congrès à l'assemblée plénière et qui sanctionnent les questions déjà étudiées.

La séance est levée à midi 1/2.

SÉANCE PLÉNIÈRE:

MERCREDI 1er AOÛT 1900 (APRÈS MIDI).

Présidence de M. Ch. PREVET, sénateur.

La séance est ouverte à 2 h. 1/2.

M. le Président. « Depuis notre réunion plénière de lundi, le Comité a tenu deux séances : une hier matin et une ce matin. Il a examiné et discuté les huit premières questions soumises au Congrès. Après des débats assez prolongés, il s'est mis d'accord sur le texte de plusieurs résolutions ou vœux et les a votés à l'unanimité. Il a écarté de ces vœux toutes les questions de détail qui pouvaient donner lieu à certains froissements entre nations : c'est ainsi que ses votes ont été émis à l'unanimité de ses membres. »

Nous allons reprendre toutes ces questions l'une après l'autre.

M. MOUCHERONT, rapporteur de la question n° 1, donne lecture du vœu qu'il a rédigé et qui a été adopté par la commission.

QUESTION I.

STATISTIQUES DOUANIÈRES. — *a.* Quels sont les moyens d'assurer, dans les meilleures conditions d'exactitude et d'uniformité, l'établissement des statistiques douanières ?

***b.* D'après quelles règles pourraient être introduits dans les nomenclatures et les statistiques douanières les articles nouveaux et les produits non prévus dans les tarifs existants ?**

***c.* Quels sont les moyens à employer pour assurer l'exactitude des déclarations quant à l'espèce et quant à la destination réelle des produits présentés pour l'exportation ?**

VOEU.

Le Congrès,

Considérant la nécessité d'assurer l'exactitude des statistiques commerciales des différents pays, afin de permettre à chacun d'eux de connaître, d'une manière aussi précise que possible, l'espèce, le poids et la valeur des produits qu'il achète et de ceux qu'il vend sur les divers marchés du monde;

Considérant, d'autre part, que dans les différents pays la statistique douanière intimement liée aux spécifications des tarifs correspond à des nécessités économiques spéciales à chacun d'eux, et que, à ce point de vue, l'unification des statistique est irréalisable;

Recommande aux Gouvernements des divers États :

1° Que les offices statistiques recherchent principalement les moyens d'établir sur des bases identiques le système de classement des marchandises par pays d'origine et par pays de destination, dans le but de faire figurer les marchandises importées *au compte du pays où ces marchandises ont été produites, fabriquées ou tout au moins achetées.*

2° Que chaque pays établisse une statistique spéciale de sa consommation où ne figureront pas les produits qui ne font que traverser le territoire en transit, marchandises exportées *au compte du pays où ces marchandises doivent être consommées ou tout au moins où elles ont été vendues;*

3° Le Congrès émet le vœu qu'une entente internationale et diplomatique établisse, en dehors de la statistique spéciale à chaque pays, une nomenclature commune où se grouperont, en un nombre restreint de catégories aux vocables uniformes, les principaux produits d'espèces similaires importés dans chaque pays pour la consommation, sous la double indication du poids et de la valeur;

Le Congrès,

Considérant, d'une part, l'intérêt que présente, pour l'évaluation des échanges économiques comme dans la préparation des conventions commerciales, l'exactitude des statistiques d'exportation; d'autre part, le peu de garanties que présentent généralement les déclarations déposées à la sortie des marchandises et les difficultés qui existent, pour le service des douanes, de contrôler efficacement ces déclarations sans imposer au commerce des retards et des frais préjudiciables à ses intérêts,

Émet le vœu :

4° Que les industriels et négociants exportateurs établissent ou fassent établir par leurs mandataires en douane leurs déclarations de sortie avec une sincérité absolue, c'est-à-dire avec exactitude quant à l'espèce, quant au poids et quant à la destination des marchandises, et qu'au besoin une disposition légale impose au Commerce l'obligation de produire, à l'appui des déclarations, une note de détail signée par les expéditeurs et mentionnant les marques et numéros des colis, l'espèce, le poids et la destination des produits exportés.

Ce vœu est adopté à *l'unanimité* sans discussion.

M. Roussel donne ensuite lecture du vœu qui sanctionne la question n° 2.

QUESTION II.

Des conditions dans lesquelles les certificats d'origine pourraient être délivrés pour obtenir une force probante.

VŒU.

Le Congrès,

Considérant que de la discussion engagée il résulte que la question des mesures à adopter pour donner force probante aux certificats d'origine doit être écartée comme insoluble; qu'en ce qui concerne l'unification des méthodes pour la délivrance et l'emploi de ces titres on réaliserait une amélioration désirable en provoquant l'adoption par les diverses puissances d'un système unique aussi simple que possible; que quatre points sont à envisager dans l'espèce, savoir :

1° Autorités habilitées pour la délivrance des certificats d'origine ;
2° Marchandises pour lesquelles le titre est requis;
3° Délai de validité du certificat;
4° Légalisation consulaire.

Sur le premier point, la réglementation française dispose que les justifications d'origine doivent résulter d'une déclaration officielle faite devant un magistrat (autorités locales) siégeant au lieu de l'expédition, soit d'un certificat délivré par le chef de service des douanes du bureau d'exportation, soit d'un certificat délivré par les consuls ou agents consulaires de France dans le lieu d'expédition ou dans le port d'embarquement.

Sur le second point, notre réglementation n'assujettit qu'un petit nombre de marchandises à la formalité du certificat d'origine, alors que d'autres pays exigent un titre pour la majeure partie des produits, sinon pour la totalité.

Quant au délai de validité de certificat, il est laissé en France à l'appréciation du service, tandis qu'il est déterminé dans la réglementation des autres puissances.

En ce qui touche la légalisation consulaire, la Douane française l'exige pour les certificats émanant des autorités locales, mais non pour les certificats délivrés par les douanes étrangères, pourvu qu'ils soient revêtus du cachet de ces douanes et qu'aucun doute ne s'élève sur leur authenticité et qu'en outre il s'agisse de pays qui admettent les certificats des douanes françaises dans les mêmes conditions.

Considérant que, sauf en ce qui concerne le délai de validité qu'il est utile de délimiter, cette réglementation paraît de nature à concilier les divers intérêts en jeu et doit être généralisée,

Émet le vœu suivant :

1° Que les Chambres de commerce ou autres institutions similaires offrant de sérieuses garanties soient comprises parmi les autorités qualifiées pour délivrer les certificats;

2° Que le délai de validité de ces titres soit déterminé après entente entre les puissances;

3° Que, dans tous les cas, la légalisation consulaire soit donnée sans frais.

Le vœu relatif à la question 2, appuyé par M. Boulton au nom de la Chambre de commerce de Londres et par M. Ostheimer au nom de la Chambre de commerce américaine de Paris, est adopté à *l'unanimité.*

M. Chandèze a la parole pour donner au Congrès connaissance du vœu adopté par la Commission relativement à la question n° 3.

QUESTION III.

Détermination d'une base uniforme pour le calcul des droits à la valeur.

VOEU.

Le Congrès, considérant que, dans la plupart des pays dont la législation douanière impose la production de factures consulaires pour servir de base à la perception des droits à la valeur, la Douane refuse, non sans raison du reste, d'attribuer force probante à ces documents, et se réserve le droit d'établir la véritable valeur de la marchandise importée par d'autres moyens de vérification et de contrôle;

Que, dans ces conditions, l'utilité que la production de ces factures consulaires peut présenter pour la Douane est hors de proportion avec la gêne causée au Commerce, et avec les difficultés de toutes sortes qui en résultent;

Le Congrès recommande aux Gouvernements des divers États,

Le vœu :

Que le système de perception des droits de douane (ad valorem) *sur la base de production de factures consulaires soit remplacé par une déclaration de la valeur de la marchandise, déclaration signée par l'importateur ou son représentant et contrôlée par les agents du service au vu de la marchandise.*

En cas de contestation sur la valeur déclarée, la douane du pays d'importation pourra soit exercer la préemption, soit déférer le litige à une expertise contradictoire dans laquelle le déclarant sera, en première instance, représenté par un arbitre de son choix.

Après une discussion à laquelle prennent part M. Ostheimer, qui au nom de la Chambre de commerce américaine de Paris s'élève contre la suppression des factures consulaires, MM. Kebers, Hayem, Chandèze, Prevet, Bousquet, qui soutiennent la résolution proposée, et M. Robert, qui préconise le système de la perception sur les droits spécifiques, le vœu soumis au

Congrès est adopté à *l'unanimité*, moins les voix des délégués des États-Unis et de la Chambre de commerce américaine de Paris.

M. Maurice Schloss donne lecture du vœu relatif à la

QUESTION IV.

Réglementation uniforme des tares légales et des poids nets.

VOEU.

Tares.

Le Congrès émet le vœu :

Que le poids net réel soit pris pour base de l'application des taxes douanières sur les marchandises importées, à l'exception des marchandises soumises à des droits minimes qui pourront être taxées sur le poids brut ;

Subsidiairement :

Pour certaines marchandises qui sont présentées avec des emballages intérieurs nécessaires à leur conservation,

Le Congrès émet le vœu :

Qu'une entente internationale intervienne pour établir la liste de ces marchandises et pour déterminer la nature des emballages intérieurs qui, exceptionnellement, ne seraient pas déduits du poids net imposable.

M. Klotz voudrait que les marchandises de la 2e catégorie fussent dédouanées non au poids brut, mais au poids net légal.

M. le Président lui répond que cette question de détail concerne la « Conférence internationale ».

Le vœu est adopté à *l'unanimité.*

M. le Président. Nous passons à la question n° 5.

M. Hayem. Nous avons eu à examiner la procédure suivie, soit en France, soit ailleurs, en ce qui concerne les échantillons des commis-voyageurs. Après discussion, le vœu suivant a été adopté à *l'unanimité* :

QUESTION V.

Des moyens d'établir une réglementation uniforme en ce qui concerne les échantillons des commis-voyageurs. — De la définition de l'échantillon et des moyens de justifier de la qualité des objets transportés comme échantillons.

VOEU.

Reconnaissant qu'il serait avantageux et profitable à tous de diminuer les formalités imposées aux voyageurs de commerce pour le dédouanement de leurs échantillons,

Le Congrès émet le vœu :

Qu'on étudie sans retard un système destiné à rendre uniformes les formalités exigées par les différents pays ;

Subsidiairement, le Congrès recommande, pour réaliser cette pratique, l'adoption d'un ou plusieurs bordereaux internationaux destinés à énumérer les échantillons sans valeur et de valeur et à permettre de percevoir les droits des échantillons de valeur dans les pays où, à la sortie, ils ne seraient pas représentés.

Adopté à *l'unanimité*.

M. LE PRÉSIDENT. Nous arrivons à la question n° 6.

QUESTION VI.

Étude des régimes appliqués aux marchandises de retour et emprunts réciproques que peuvent se faire les nations entre elles.

M. BARTOLI. Le rapporteur de la question n° 6 — et le Comité a conclu comme lui — a considéré qu'il n'y avait pas lieu d'émettre un avis sur cette question, attendu que la réglementation est la même partout, sauf quelques questions de détail. Il y a possibilité, dans les principaux pays, de faire rentrer des marchandises exportées, moyennant, bien entendu, qu'on puisse prouver leur sortie et leur origine nationale.

M. LE PRÉSIDENT. La Commission, en effet, n'a pu que constater que les législations sont assez libérales pour les marchandises en retour. Nous avons en France deux années pour le retour; dans certains pays, on accorde trois ans. Personne n'insiste sur cette question? Nous passons outre.

M. LE PRÉSIDENT. Voici la 7me question. M. KLOTZ a la parole.

QUESTION VII.

N'est-il pas désirable que les litiges en douane soient, dans tous pays, renvoyés à des expertises dans lesquelles les intéressés seraient représentés?

VOEU.

Dans le but de simplifier les litiges douaniers et de les rendre moins onéreux;

Le Congrès émet le vœu :

Qu'il y aurait lieu de préconiser l'adoption d'un système d'expertises avec tierces expertises, fonctionnant dans des conditions donnant toutes garanties aux parties en cause.

Après un échange d'observations entre MM. PREVET, KLOTZ, CHANDÈZE, HAYEM, BOUSQUET, etc., et les réserves exprimées par les délégués de l'Allemagne et de la Russie, réserves motivées par des raisons constitutionnelles, le vœu est adopté à *l'unanimité*, moins les voix des délégués de l'Allemagne et de la Russie qui n'ont pas pris part au vote.

M. LE PRÉSIDENT. Nous avons réglé la question n° 8, mais la rédaction du vœu n'est pas terminée.

M. BOUSQUET. Je n'ai pas eu le temps d'écrire cette rédaction; mais peut-être le moment est-il venu de demander à nos collègues s'ils ont quelque motion à présenter au Congrès.

M. Kebers. Je voudrais faire une motion, non pour une discussion immédiate, mais en vue de la réunion du congrès futur. Je voudrais que l'assemblée examinât la question de savoir si l'on ne pourrait pas, par une entente réciproque, restituer les droits payés sur les marchandises refusées dans un pays de destination par le destinataire et réexportées ensuite. Ce régime a déjà été appliqué dans certains pays en ce qui concerne les colis postaux, et il me semble qu'il pourrait être étendu aux marchandises de petite vitesse. Naturellement, pour obtenir ce résultat, il faudrait une entente entre les divers pays intéressés, car il devrait y avoir réciprocité. Je demanderai donc au Congrès d'examiner ce point pour l'avenir.

M. Zebaume. N'y a-t-il pas moyen d'envisager la question de la réduction des frais accessoires douaniers? Dans certains pays, les frais de douane sont en disproportion complète avec le montant des droits. Je ne parle pas de la France où les droits sont insignifiants, où la déclaration n'est pas taxée, où les frais de timbre sont absolument nuls; mais, dans certains pays, les frais de timbre sont onéreux, et il y aurait lieu d'émettre un vœu en vue de la réduction de ces frais, si c'est possible.

M. le Président. Nous mettrons à l'étude la question des frais accessoires.

En raison du deuil dont les nations ont été frappées, il n'y aura pas de fête vendredi soir.

La séance est levée à 4 h. 50.

SÉANCE DE COMMISSION.

(JEUDI 2 AOUT 1900.)

Présidence de M. Ch. PREVET, Sénateur.

La séance est ouverte à 9 h. 40.

A la demande de M. Barabant, on aborde la question 10 ainsi formulée:

QUESTION X.

Quelles mesures doivent être prises dans la visite des bagages des voyageurs pour la rendre aussi peu gênante que possible?

M. Barabant, rapporteur, fait remarquer que la responsabilité des transporteurs est excessive et souvent injuste; il développe les conclusions de son rapport et termine en demandant des réformes sur quelques points principaux. Il voudrait notamment que les règlements en ce qui concerne le dédouanement fussent rajeunis; que les monnaies étrangères fussent acceptées en payement des droits au passage des frontières; que des bureaux extraterritoriaux, tels que ceux qui fonctionnent à Marienbad et à Carlsbad, fussent créés pour la simplification des vérifications douanières.

M. Bousquet lui répond qu'il est tout disposé à entrer dans la voie indiquée par M. Barabant, mais il désirerait que les compagnies prissent elles-mêmes l'initiative de quelques mesures fort utiles; que, par exemple, elles avertissent les voyageurs qu'on ne visite les bagages qu'à Paris; qu'elles augmentent le nombre d'hommes de peine employés au débarquement des bagages :

M. Kebers fait observer qu'en Belgique un tableau affiché dans les gares fixe le taux du change des monnaies étrangères.

M. Raffalovich fait remarquer qu'il faudrait limiter la somme de monnaie étrangère que le douanier chargé de percevoir les droits pourrait changer.

M. Bousquet est d'avis que les chefs de train qui circulent le long du train pourraient faire le change des monnaies.

M. Thomson Lyon estime que, ce qu'il y a de plus long dans la visite des colis, c'est le groupement des bagages de chaque voyageur; il préconise la création de bureaux internationaux, et il déclare que la Grande-Bretagne est prête à en faire l'expérience à Londres.

M. Bousquet montre les difficultés juridiques qui jusqu'ici ont empêché l'établissement des bureaux extraterritoriaux.

M. le Président demande des explications à M. Wolffram sur la manière dont fonctionnent les bureaux de Carlsbad; celui-ci explique que ce fonctionnement est facilité par ce fait qu'un cartel existe entre l'Allemagne et l'Autriche permettant aux deux États de poursuivre réciproquement les fraudes qui se commettent au préjudice de chacun d'eux. Un autre paragraphe de nos lois, ajoute M. Wolffram, stipule que le délit est consommé au moment de la déclaration et bien que la frontière ne soit pas encore franchie.

Après une discussion à laquelle prennent part MM. Prevet, Bousquet, Chandèze, Wolffram, Barabant, Raffalovich, Drielsma, Bompard, etc., etc., M. Barabant est chargé de rédiger un vœu dans le sens des observations échangées. On passe à la question 9 ainsi formulée :

QUESTION IX.

Mesures à prendre pour faciliter et accélérer le dédouanement des marchandises et, notamment, pour procurer aux déclarants les moyens de présenter des déclarations exactes et conformes à la nomenclature du tarif.

M. Roussel développe les conclusions de M. Magnier, rapporteur; il estime que le *Bulletin international des douanes* publié à Bruxelles n'est pas suffisamment connu, et qu'en France aucun organe ne semble répondre aux desiderata en ce qui concerne la partie douanière. Selon lui, il y aurait lieu de créer une feuille périodique répondant aux besoins du Commerce.

M. Chandèze rappelle que le *Moniteur officiel du commerce* fait toutes les publications désirables; malheureusement les commerçants goûtent peu la lecture de ces publications techniques.

M. Wolffram déclare qu'en Allemagne les *Archives du commerce* comprennent deux parties : l'une consacrée aux décisions prises par les autorités douanières, l'autre aux rapports commerciaux. Les commerçants ont la faculté de s'abonner soit à une seule de ces parties, soit aux deux. Mais ce qui se produit en

France se produit aussi en Allemagne, et peu de commerçants lisent ces brochures.

M. Abreu déclare qu'en Espagne il y a trois bulletins destinés à donner des renseignements au Commerce.

M. Raffalovich désirerait qu'on s'en tînt au *Bulletin international des Douanes*, mais qu'on modifiât son organisation, de façon à le rendre plus accessible au public.

M. le Président résume la discussion : «Nous demandons, dit-il, que le Bureau de Bruxelles mette sa publication plus à la portée du public et nous souhaitons que cet organe se meuve plus rapidement.»

Une autre conclusion du rapport de M. Magnier tend à rendre général le système de la déclaration verbale pour le déclarant *occasionnel*.

M. Luccioli pense que la déclaration écrite est nécessaire. Le déclarant sait ainsi mieux ce qu'il fait et ce à quoi il s'expose.

M. Wolffram expose qu'en Allemagne les voyageurs ne sont soumis à aucune déclaration, mais s'ils font une fausse déclaration ils sont punis.

M. Bablot dit qu'au Mexique on demande seulement aux voyageurs s'ils ont quelque chose à déclarer; si les droits ne dépassent pas 100 piastres ils n'ont à payer aucune amende; si les droits dépassent 100 piastres, on exige une facture consulaire; de plus, la douane accorde des facilités pour le dédouanement et elle donne tous les renseignements désirables pour permettre de faire les déclarations conformes au tarif.

M. Woxen expose la manière dont on procède en Norvège.

M. Kebers déclare que la raison principale pour laquelle on a admis en Belgique la déclaration verbale est qu'on voulait préserver les importateurs exceptionnels des commissionnaires en douane.

Après discussion le principe de l'extension de la déclaration verbale est admis; les autres conclusions du rapport sont rejetées.

Au cours de cette discussion, M. le Président est amené à donner lecture à la Commission d'un certain nombre de vœux émis par le Congrès international des vins, spiritueux et liqueurs.

Sur la proposition de M. Bousquet, le Congrès décide de ne pas prendre à son compte les vœux en question; mais de les recommander à l'attention de la Conférence internationale future.

M. Bousquet a la parole pour donner à la Commission connaissance du vœu qu'il a rédigé relativement à la

QUESTION VIII.

Est-il désirable que, dans l'intérêt du commerce, le service des douanes prête son concours aux intéressés pour le contrôle des opérations faites par les agents en douane? — Et quelles sont les mesures par lesquelles pourrait être assuré ce concours?

VOEU.

Considérant que, dans plusieurs pays, lorsque les agents en douane déposent une déclaration commune relative à plusieurs lots de marchandises adressées à différents destinataires, la Douane leur délivre une quittance collective, mais ne leur fournit aucune pièce comptable leur permettant d'établir vis-à-vis de leurs clients le compte exact des droits payés pour le compte de chacun d'eux;

Qu'il s'ensuit que les destinataires ne pouvant, de leur côté, exiger desdits agents, leurs mandataires, la production d'aucune pièce justificative, qu'ils se trouvent ainsi exposé à des fraudes de la part de certains commissionnaires peu scrupuleux;

Que cet état de choses est aussi préjudiciable au Commerce qu'aux administrations douanières qu'il expose à des récriminations injustifiées;

Que ces inconvénients disparaîtraient si les douanes délivraient aux commissionnaires des titres de détail que ceux-ci seraient tenus de produire à l'appui des factures présentées à leurs clients;

Que ces titres pourraient consister soit dans une étiquette revêtue du visa de la Douane apposée sur chaque colis, soit dans un visa apposé sur la déclaration, laquelle relaterait le montant de la perception afférente à ce colis, soit dans une quittance partielle délivrée par duplicata sur une formule qui, pour abréger le travail des employés de la Douane, serait préparée d'avance par le commissionnaire et soumise au visa et à la signature du receveur;

Mais, considérant que pour que ces mesures soient efficaces, il faut que les destinataires prennent de leur côté l'habitude d'exiger de leurs mandataires la production des titres, étiquettes ou quittances susénoncés;

Le Congrès émet le vœu :

Que, d'une part, les douanes soient invitées à délivrer aux commissionnaires des titres de perception de détail, sous une forme à déterminer par chaque administration; et que, d'autre part, le commerce veille attentivement à ses propres intérêts en exigeant régulièrement des commissionnaires la production desdites justifications à l'appui de leurs notes de frais.

Cette rédaction est adoptée à l'unanimité par la Commission; la séance est levée à midi 1/4.

SÉANCE DE COMMISSION.

VENDREDI 3 AOÛT 1900 (MATIN.)

PRÉSIDENCE DE M. BOUSQUET, DIRECTEUR GÉNÉRAL DES DOUANES DE FRANCE.

La séance est ouverte à 10 heures.

En l'absence de M. Félix CÔTE, rapporteur de la question n° 11, M. ROUSTAN a la parole sur la question n° 12 ainsi formulée :

QUESTION XII.

Examen du régime international des colis postaux.

M. Roustan développe les conclusions de son rapport. Elles sont formulées en onze propositions qui terminent son travail et se trouvent à la page 313 du fascicule qui contient les rapports et documents.

1. *Adopter pour les marchandises importées sous forme de colis postal un tarif* ad valorem (*comportant un minimum de perception*) *avec paliers progressivement décroissants.*

MM. Kebers, Wolffram, Bablot, exposent le fonctionnement du système des colis postaux en Belgique, en Allemagne et au Mexique.

Après une discussion à laquelle prennent part les précédents orateurs, plus MM. Bousquet, Chandèze, Moucheront, Roustan, Barabant, Drielsma, Abreu, etc., la Commission donne acte à M. Abreu des réserves qu'il fait au nom de l'Espagne, et, à l'unanimité, émet l'avis qu'*il faudrait obtenir la simplification du dédouanement des colis postaux en s'inspirant de ce principe : que l'expéditeur soit mis en demeure de liquider lui-même et de payer d'avance le montant des droits.*

2. *Uniformiser le modèle de déclarations en douane et surtout recommander aux expéditeurs d'apporter le plus grand soin dans la rédaction de ces formules en leur représentant les inconvénients sérieux auxquels les exposerait toute déclaration incomplète ou inexacte.* (Adopté sans discussion.)

3. *Inviter les transporteurs à prêter à la Douane une assistance effective pour faire les déclarations d'usage.*

Après un échange d'observations entre MM. Barabant, Bousquet, Kebers, Moucheront, Roustan, etc., cette proposition est écartée.

4. *Généraliser l'apposition de plombs ou scellés sur tous les colis ouverts par la Douane.*

Le principe d'une *mise à l'étude des moyens de généraliser*, etc., est adopté à l'unanimité.

5. *Réclamer la suppression des droits de réexportation appliqués en Portugal et le dégrèvement des droits d'importation que l'Espagne n'accorde pas encore aux colis postaux renvoyés au pays d'origine.*

Après observations de MM. Kebers, Chandèze, Abreu, Bousquet, Roustan, etc., le principe de cette proposition est adopté; mais il est convenu que, dans la rédaction définitive, par raison de courtoisie, on ne désignera pas nominativement les pays ci-dessus indiqués.

6. *Faire apposer sur chaque colis postal, par les transporteurs, une étiquette sur laquelle serait mentionné le nom du bureau de douane qui applique les droits et le montant de ces droits.*

La proposition est rejetée à la demande de M. Barabant, qui considère que le système préconisé constituera une complication, superflue d'ailleurs, si on adopte la simplification du dédouanement indiqué par M. Chandèze.

7. *Créer pour les marchandises, en retour, une étiquette mentionnant l'origine des marchandises; admettre en franchise de droits les colis postaux revêtus de cette étiquette officielle.*

M. Roustan fait observer que le colis ne cessant d'être sous la surveillance de la Poste, il n'y a pas à redouter de fraude.

M. Wolffram expose que le système est déjà en vigueur en Allemagne.

La résolution est adoptée à l'unanimité.

8. *Vulgariser l'échange international des colis postaux en wagons et paniers clos suivant l'importance du trafic; activer aux frontières le libre passage de ces wagons ou paniers, si les plombs de la Douane sont reconnus intacts.*

Adopté à l'unanimité.

Les mots «échange international» seront remplacés par ceux-ci : «transit international».

9. *Abolir la formalité des certificats d'origine pour les colis postaux.*

Après échange d'observations entre MM. Bousquet, Chandèze, Abreu, Wolffram, etc., la formule proposée est adoptée après avoir été modifiée de la façon suivante : *Simplifier, dans tous les cas, l'établissement des certificats d'origine en en supprimant les frais.*

10. *Déterminer une base uniforme pour le calcul des droits à la valeur.*

Adopté sous réserve d'une modification dans la rédaction.

11. *Relever séparément les recettes des douanes effectuées sur les colis postaux.*

La proposition, fortement appuyée par M. Moucheront, est adoptée à l'unanimité.

M. Cornu a ensuite la parole pour rectifier une erreur concernant la Suisse, commise par M. Roustan au cours de son travail.

La Commission discute ainsi la question n° 11 du programme. Elle est ainsi formulée :

QUESTION XI.

Comparaison du régime des entrepôts dans les divers pays; étude des emprunts réciproques qui pourraient être faits dans l'intérêt général du Commerce.

M. Maurice Schloss, secrétaire général, a la parole pour développer les conclusions du rapport de M. Félix Côte, absent.

M. Kebers fait remarquer que le Congrès est trop peu documenté sur la question des entrepôts et notamment sur le système qui fonctionne avec grand succès — semble-t-il — en Allemagne. Il propose de renvoyer l'étude de cette question à un prochain congrès.

Cette motion est adoptée. M. Wolffram est chargé de faire, sur le fonctionnement du «Zoll-Conto», un travail qui sera annexé au compte rendu *in extenso*.

Est également renvoyée au prochain congrès l'étude de la question n° 13, sur laquelle M. Levasseur, surchargé de travail, n'a pas pu fournir en temps voulu son rapport.

M. le Président déclare ensuite que le programme est épuisé. Il montre le profit tiré de ces quelques réunions de professionnels de la Douane et l'intérêt qu'il y aurait à les renouveler périodiquement.

M. Moucheront donne lecture d'un vœu qu'il a rédigé dans ce sens et qui, modifié par M. Chandèze, est adopté à l'unanimité.

Deux questions proposées — au cours du Congrès — l'une par M. Kebers, l'autre par M. Zebaume, sont renvoyées à la prochaine session.

La séance est levée à midi 10.

SÉANCE PLÉNIÈRE.

VENDREDI 3 AOÛT 1900, APRÈS MIDI.

Présidence de M. le sénateur Ch. PREVET.

La séance est ouverte à 2 h. 1/2.

M. le Président. Dans notre dernière séance plénière, nous nous sommes arrêtés à la question n° 8. Le Comité a examiné les dernières questions dans sa séance de ce matin et dans celle d'hier matin. Il est en mesure de vous soumettre des résolutions.

En ce qui concerne la question n° 8, M. Bousquet s'était chargé de la rédaction du vœu; il voudra bien nous en donner lecture. La question à résoudre était celle-ci :

QUESTION VIII.

Est-il désirable que, dans l'intérêt du commerce, le service des douanes prête son concours aux intéressés pour le contrôle des opérations faites par les agents en douane?

Et quelles sont les mesures par lesquelles pourrait être assuré ce concours?

M. Bousquet. Voici le vœu adopté par la Commission. J'en vais donner lecture; les considérants vous indiqueront suffisamment le terrain sur lequel nous nous sommes placés :

Considérant que, dans plusieurs pays, lorsque les agents en douane déposent une déclaration commune relative à plusieurs lots de marchandises adressées à différents destinataires, la Douane leur délivre une quittance collective, mais ne leur fournit aucune pièce comptable leur permettant d'établir vis-à-vis de leurs clients le montant exact des droits payés pour le compte de chacun d'eux;

Qu'il s'ensuit que les destinataires ne pouvant de leur côté exiger desdits agents, leurs mandataires la production d'aucune pièce justificative, ils se trouvent ainsi exposés à des fraudes de la part de certains commissionnaires peu scrupuleux;

Que cet état de choses est aussi préjudiciable au Commerce qu'aux administrations douanières, qu'il expose à des récriminations injustifiées;

Que ces inconvénients disparaîtraient si les douanes délivraient aux commissionnaires des titres de détail que ceux-ci seraient tenus de produire à l'appui des factures présentées à leurs clients;

Que ces titres pourraient consister soit dans une étiquette revêtue du visa de la Douane apposée sur chaque colis, laquelle relaterait le montant de la perception afférente à ce colis, soit dans une quittance partielle délivrée par duplicata sur une formule qui, pour abréger le travail des employés de la Douane, serait préparée d'avance par le commissionnaire et soumise au visa et à la signature du receveur;

Mais, considérant que, pour que ces mesures soient efficaces, il faut que les destinataires prennent de leur côté l'habitude d'exiger de leurs mandataires la production des titres, étiquettes ou quittances sus-énoncés.

Émet le vœu :

Que, d'une part, les douanes soient invitées à délivrer aux commissionnaires des titres de perception de détail, sous une forme à déterminer par chaque administration; et que, d'autre part, le Commerce veille attentivement à ses propres intérêts en exigeant régulièrement des commissionnaires la production desdites justifications à l'appui de leurs notes de frais.

Adopté à l'unanimité.

QUESTION IX.

Mesures à prendre pour faciliter et accélérer le dédouanement des marchandises et notamment pour procurer aux déclarants les moyens de présenter des déclarations exactes et conformes à la nomenclature du tarif.

M. Moucheront donne lecture du vœu préparé par la Commission :

VOEU.

Le Congrès émet le vœu :

1° *Que le Bureau international de Bruxelles étudie les moyens de mettre ses publications plus à la portée du public et les complète par une feuille hebdomadaire résumant les principales modifications aussi bien législatives que réglementaires survenues dans les tarifs ou règlements des pays étrangers;*

2° *Que les administrations douanières des différents pays apportent dans leur réglementation intérieure toutes les mesures nécessaires pour simplifier et accélérer les opérations de douane en ce qui concerne la déclaration et le dédouanement.*

Adopté à l'unanimité.

QUESTION X.

Quelles mesures doivent être prises dans la visite des bagages des voyageurs pour la rendre aussi peu gênante que possible?

VOEU.

Le Congrès, désireux de faciliter autant que possible les voyages internationaux, émet le vœu : qu'il y a lieu de demander aux administrations douanières de mettre à l'étude les questions suivantes :

Diminuer autant que possible le temps consacré aux frontières pour les visites douanières;

Visiter les bagages à la main dans les voitures à intercirculation des trains internationaux, et, dans ce cas, accepter les monnaies divisionnaires étrangères dans une certaine limite;

Afficher les taxes des principaux objets, sujets aux droits, que le voyageur apporte ordinairement avec lui, et visiter autant que possible les bagages au départ et, à cet effet, organiser au besoin des bureaux extraterritoriaux au moins dans les principaux centres de voyages, sous la condition que des conventions internationales permettent aux agents douaniers opérant à l'étranger de réprimer le délit de fausse déclaration en même temps et au même titre que l'importation frauduleuse.

Après quelques observations présentées par M. Zebaume et Raffalovich, etc., le vœu est adopté à l'unanimité.

M. le Président. Nous arrivons à la question n° 11. Le Comité, ce matin, après une longue étude, n'a pas pensé pouvoir vous apporter une solution immédiate. M. le Délégué de l'Allemagne a bien voulu se charger de faire une étude plus ample ; et voici la résolution qui a été adoptée :

QUESTION XI.

Comparaison du régime des entrepôts dans les divers pays; étude des emprunts réciproques qui pourraient être faits dans l'intérêt général du Commerce.

VOEU.

Le Congrès, après discussion, décide de remettre la question n° 11 au programme de la prochaine session et charge M. Wolffram, délégué du Gouvernement allemand, de rédiger un rapport sur la façon dont fonctionne en Allemagne l'institution du « Zoll-Conto ».

M. le Président. La question n° 12 comporte une série de paragraphes qui ont nécessité une série de vœux.

QUESTION XII.

Examen du régime douanier international des colis postaux.

M. Roustan donne lecture des vœux adoptés par la Commission :

VOEU.

§ 1er.

Le Congrès, considérant qu'en raison de l'intense circulation des colis postaux aux frontières, il convient de simplifier, dans la mesure du possible, les formalités douanières;

Considérant d'autre part que les expéditeurs ont le plus grand intérêt à connaître d'avance les droits de douane qui seront appliqués aux colis postaux dans le pays d'arrivée, dût-il en résulter pour eux un léger surcroît de dépenses;

Considérant que ce résultat pourrait être obtenu si les administrations établissaient un certain nombre de divisions correspondant aux grandes lignes des tarifs de douane et comportant l'application d'un droit moyen;

Émet le vœu :

Que les administrateurs des douanes étudient le moyen de percevoir les taxes douanières au départ et de simplifier le dédouanement des colis postaux de manière à permettre à l'expéditeur de calculer d'avance les droits à payer, à l'arrivée, par la marchandise;

Que le système le plus pratique pour atteindre ce but consisterait à établir un certain nombre de catégories de marchandises correspondant aux grandes divisions du tarif et à déterminer une taxe moyenne pour chacune d'elles.

Après observations échangées, le paragraphe 1er est adopté à *l'unanimité.*

§ 2.

Le Congrès,

Considérant que la variété des formules de déclaration de douane est de nature à compliquer l'accomplissement des formalités douanières;

Considérant d'autre part qu'il convient d'inciter, par une large publicité, les commerçants et industriels à remplir avec la plus scrupuleuse exactitude les déclarations dont il s'agit,

Émet le double vœu :

1° Que les administrations douanières s'entendent pour l'adoption d'une formule uniforme dans tous les pays.

2° Que les recommandations les plus expresses soient faites au public pour la rédaction des déclarations de douane, non seulement par un avis qui pourrait être imprimé au bas des formules, mais aussi par voie d'affiches apposées dans les gares et bureaux d'expédition ainsi que par l'intermédiaire des publications émanant des chambres de commerce et autres institutions similaires.

Adopté à *l'unanimité.*

§ 3.

Le Congrès,

Considérant que, dans presque tous les pays, les colis postaux vérifiés par la Douane sont refermés et scellés d'un plomb ou cachet et quelquefois du double cachet de la Douane et de la Poste;

Considérant d'autre part qu'une telle mesure sauvegarde la responsabilité des transporteurs et garantit en même temps les marchandises contre les risques de spoliation en cours de route;

Émet un vœu en faveur de la généralisation du plombage ou du cachetage des colis postaux dans des conditions à déterminer d'un commun accord par les Administrations des douanes et des postes.

Adopté à *l'unanimité.*

§ 4.

Le Congrès,

Considérant qu'il est désirable que les colis postaux adressés dans un pays étranger et qui sont renvoyés pour un motif quelconque au lieu d'origine soient dégrevés des droits de douane;

Considérant que cette mesure a été adoptée par la majorité des pays participant au service international des colis postaux,

Émet le vœu :

Que les administrations qui n'ont pu adhérer à cette mesure étudient les moyens d'accorder aux colis postaux qui, pour un motif quelconque, doivent être renvoyés au pays d'origine, la restitution des droits d'entrée;

Subsidiairement, que les colis postaux qui sont renvoyés au pays d'origine, après dégrèvement des droits d'entrée, soient exemptés de droits d'exportation à la sortie.

M. Abreu renouvelle les réserves qu'il avait faites en séance de commission et le paragraphe 4 est adopté à *l'unanimité*, moins la voix du délégué de l'Espagne.

§ 5.

Le Congrès,

Considérant que les colis postaux voyagent continuellement sous la garde des administrations postales ou des compagnies, leurs mandataires en vertu de la loi; que l'authenticité de l'origine des colis est difficilement contestable en raison des documents officiels qui les accompagnent et de l'impossibilité matérielle d'opérer des substitutions de marchandises,

Émet le vœu :

Que les marchandises en retour, sous forme de colis postal, soient admises en franchise de droit sous la réserve que les administrations postales ou leurs représentants ne seront pas dessaisis des colis et qu'une étiquette officielle mentionnera l'origine des marchandises.

Adopté.

§ 6.

Le Congrès,

Considérant que la constatation de l'origine des colis peut être facilement établie par les bulletins postaux d'expédition, par les feuilles de route postales et par les déclarations douanières; que les colis postaux sont revêtus au départ de timbres et étiquettes officiels, tous signes d'une authenticité véritable; que leur transport est effectué par la Poste ou par des compagnies mandataires de la Poste en vertu de la loi; que, dans ces conditions, il est difficile d'exiger plus de précautions pour garantir l'origine des marchandises qui restent tout le temps sous la garde et la surveillance d'un service public,

Émet le vœu :

Que les administrations recherchent le moyen de supprimer la production du certificat d'origine en faveur des colis postaux; que, tout au moins, en cas d'impossibilité, les formalités de la justification soient réduites au strict minimum, et qu'enfin ces certificats soient délivrés sans frais lorsqu'ils devront être établis.

Adopté à l'unanimité.

§ 7.

Le Congrès,

Considérant l'intérêt qu'il y aurait à faire figurer dans les statistiques douanières le nombre, le poids et la valeur des colis postaux;

Considérant qu'il conviendrait à cet égard de rechercher dans chaque pays quelle est la valeur moyenne d'un colis postal;

Considérant qu'il serait non moins intéressant de retrouver dans les statistiques le montant des recettes encaissées sur les colis postaux,

Émet le vœu :

Que les indications concernant les colis postaux soient reprises dans la statistique des douanes sous une rubrique spéciale.

Adopté à *l'unanimité.*

L'ensemble des vœux relatifs aux colis postaux est adopté à l'unanimité.

M. Bolley dépose sur le bureau du Congrès les vœux qui ont sanctionné le rapport qu'il a présenté au *Congrès international du commerce et de l'industrie* sur une question ainsi conçue : *Les formalités douanières, dans les échanges internationaux, ne pourraient-elles pas être réduites ou adoucies sans nuire à la perception des taxes?*

M. le Président. Il reste une 13e question ainsi conçue :

QUESTION XIII.

De l'organisation de conférences périodiques internationales. — De l'établissement d'un répertoire international du classement des marchandises.

M. le Président. M. Levasseur, le membre éminent de l'Institut, s'était chargé de faire un rapport sur cette question, mais il a été absorbé par tant de travaux et de congrès qu'il n'a pas pu présenter un rapport écrit. Il nous avait promis de faire une conférence, un rapport oral; il nous a télégraphié que, retenu à la chambre et au lit, il ne pourrait pas faire cette conférence. Nous vous demandons donc, puisque notre Congrès va devenir périodique, de renvoyer la question confiée à l'examen de M. Levasseur aux délibérations de la prochaine séance du Congrès.

Ensuite, pour sanctionner vos travaux, la Commission a décidé de vous soumettre un vœu ainsi conçu :

Le Congrès émet le vœu :

Que des réunions périodiques destinées à continuer l'œuvre du Congrès soient tenues successivement dans les divers pays intéressés avec le concours de délégués officiels des administrations douanières, et que, dès à présent, une Commission composée des chefs de service élabore un projet de classification des marchandises en vue de la rédaction de statistiques uniformes conformément au vœu n° 1.

Il prie le Gouvernement de la République de vouloir bien inviter les Gouvernements étrangers à une conférence diplomatique dans laquelle seraient examinées les mesures suggérées par le Congrès dans la présente session.

Cette résolution est adoptée à l'unanimité.

M. le Président. Notre résolution finale consiste à engager le Gouvernement français à inviter les Gouvernements étrangers à tenir une conférence internationale. Elle est conçue dans les termes suivants :

Le *Congrès de la réglementation douanière* a étudié dans toutes ses parties le vaste programme que la Commission d'organisation avait élaboré. Chacune des questions soumises à son examen a fait l'objet, sur la base des rapports consciencieux qui leur servaient de thème, de discussions approfondies auxquelles les représentants éminents des Administrations douanières étrangères, délégués par leurs Gouvernements, ont apporté, avec le concours de leur savoir et de leur expérience, la témoignage de l'intérêt que présentait à leurs yeux l'étude de ces questions internationales. Tous ont ainsi manifesté le souci d'entrer plus avant dans une voie d'interprétation libérale des règlements qui se dressent à chaque frontière, comme un obstacle imposé par les exigences de la lutte économique ou par les nécessités fiscales aux échanges commerciaux.

Les vœux que le Comité a préparés et que le Congrès dans ses réunions plénières a admis à la presque unanimité des voix sont la preuve que l'œuvre entreprise répond à des besoins réels et d'un intérêt général.

Les Gouvernements trouveront dans ces vœux la synthèse et l'amorce de quelques améliorations réalisables pour un avenir prochain dans l'application des réglementations douanières.

L'accueil empressé qui leur a été fait par nos collègues délégués des Gouvernements étrangers nous garantit que la mise en application de ces vœux sera activement poursuivie et que le Congrès de 1900 aboutira ainsi, au grand profit de tous les intérêts en cause, à quelques résultats qui suffiraient à justifier l'importance et l'utilité de vos travaux.

Toutefois, notre œuvre resterait incomplète si elle devait se borner à l'indication des *desiderata* dont le Congrès est aujourd'hui l'interprète.

L'étude des questions qui vous ont été soumises doit nécessairement se poursuivre, car ces questions ne sont elles-mêmes que le point de départ des modifications plus profondes qu'il appartient à l'avenir de réaliser, si les résultats des premières expériences répondent aux vœux que vous avez exprimés.

En matière d'opérations de douane proprement dites, dans le domaine qui intéresse plus directement le monde commercial et industriel, comme en matière de statistique douanière, il ressort nettement de l'ensemble des discussions qui se sont produites au sein du Comité qu'un échange constant de communications entre les représentants des administrations et du commerce dans les divers pays, qu'une connaissance plus approfondie des procédés d'application des différents systèmes, que des relations plus étroites et périodiquement entretenues entre les intérêts dont nous avons tous à un même degré le souci, peuvent seuls assurer le succès pratique des vues qui se sont manifestées dans cette enceinte. Cette conviction s'est imposée à chacun de nous au fur et à mesure de l'examen du programme qui nous était soumis, et le Comité estimera sans doute qu'il convient d'en traduire l'expression en émettant le vœu que les conférences internationales continuent l'œuvre entreprise et poursuivent l'examen des questions qui n'ont pu faire ici l'objet que d'un examen préparatoire.

Pour ces motifs, considérant l'intérêt qu'il y a à donner une sanction aux vœux de détail adoptés sur chacune des questions qui ont fait l'objet de ses délibérations et la nécessité de continuer l'étude contradictoire des modifications à apporter aux méthodes de réglementation douanière dans les différents pays:

Le Congrès,

Prie le Gouvernement de la République française de vouloir bien recommander à l'attention des Gouvernements étrangers les mesures de réglementation douanière suggérées par les résolutions précédemment exprimées, et émet le vœu :

Que l'étude des questions ressortissant à son programme et de celles qui pourraient s'y rattacher dans l'avenir soit poursuivie par voie de conférences internationales successivement réunies dans les divers pays intéressés.

Le bureau du Congrès est constitué en comité exécutif et en commission permanente d'organisation avec pleins pouvoirs pour déterminer les conditions, programmes, époque et lieu de réunion du prochain congrès international de la réglementation des douanes.

Le programme étant, épuisé M. Raffalovich prend la parole pour remercier, au nom des délégués étrangers, le Gouvernement français et les instigateurs du Congrès MM. Bousquet et Prevet.

M. Prevet, président, lui répond; il remercie les délégués étrangers, les Directeurs des douanes, du commerce et des consulats de leur précieuse collaboration. Il exprime l'espoir que le Congrès sera fécond en résultats pratiques.

M. Kebers, enfin, s'associe aux paroles prononcées par M. Raffalowich et adresse ses remerciements aux membres de la Commission d'organisation et aux rapporteurs.

Le Congrès est clos; la séance est levée à 4 heures.

Samedi, 4 août, à 10 heures, réception des membres du bureau par M. le Président de la République.

BIBLIOTHÈQUE NATIONALE R.F. IMPRIMÉS

IMPRIMERIE NATIONALE. — 6740-97-01.

www.ingramcontent.com/pod-product-compliance
Lightning Source LLC
LaVergne TN
LVHW020250230826
846091LV00006B/2334

* 9 7 8 2 0 1 3 6 5 1 8 9 9 *